THÉÂTRE DES VARIÉTÉS.

LES COMPATRIOTES

COMÉDIE-VAUDEVILLE EN UN ACTE

Par M. Henry MONNIER

Représentée pour la première fois, à Paris, sur le théâtre des VARIÉTÉS, le 11 août 1849.

PRIX : 50 CENTIMES.

PARIS

BECK, LIBRAIRE

RUE GIT-LE-CŒUR, 12

TRESSE, successeur de J.-N. BARBA, Palais-National.

1849

LES COMPATRIOTES

COMÉDIE-VAUDEVILLE EN UN ACTE,

Par M. Henry MONNIER,

Représentée pour la première fois, à Paris, sur le théâtre des VARIÉTÉS, le 11 Août 1849.

PERSONNAGES.	ACTEURS.
DESTOUJAC................................. } compatriotes.........	MM. Henry Monnier.
MERMES, sous-lieutenant de cavalerie.	
MADAME DE LA BASTIDE...........	
LAVENAZE. (Ferville.)..	Bardou.
JULES..	Duvernoy.
UN COMMISSIONNAIRE.................................	Ernest.
UN GARÇON DE BAINS.................................	Boistuzet.
FANNY, fille de Lavenaze...............................	Mmes Céneau.
THÉRÈSE, gouvernante...................................	Jolivet.
DEUX COMMISSIONNAIRES, SIX COMPATRIOTES..........	

La scène est à Paris, chez Lavenaze.

Indications prises du spectateur.

Une pièce servant de bureau ; deux portes au fond, une au milieu, l'autre à gauche. — Une autre porte au premier plan, à droite ; à gauche, au deuxième plan, une fenêtre : du même côté, premier plan, une cheminée avec pendule, vases de fleurs, flambeaux, flacons, etc., devant la fenêtre un canapé, une bibliothèque, au fond, à droite, à côté du canapé, un petit guéridon ; à droite, sur le devant, un grand bureau avec fauteuils. — Cartons, papiers, lettres, journaux, plumes et encre sur le bureau. Chaises de paille, une patère à laquelle est accroché un chapeau, au fond, entre les deux portes.

SCENE PREMIERE.

JULES, *assis contre la cheminée,* THÉRÈSE, *allant et rangeant.*

THÉRÈSE (1).

Il faut convenir que vous êtes tous de bien drôles de corps !.. à la moindre contrariété, voilà la pauvre tête qui déménage... il ne s'agit plus que de se faire sauter la cervelle !..

JULES, *se levant.*

Oui, je le ferai... c'est bien mon intention.

THÉRÈSE.

Eh ! mon Dieu ! un peu de patience... et tout s'arrangera.

JULES.

Tout s'arrangera !.. tout s'arrangera !.. vous en parlez bien à votre aise, Thérèse... on voit bien que vous n'êtes pas amoureuse ?

THÉRÈSE.

Dieu merci! mais voyons, ne pourriez-vous, pour faire votre demande, attendre au moins que la petite soit sortie de pension ?

(1) J. T.

JULES.

Mais elle n'en sortira jamais de pension !

THÉRÈSE.

Attendez donc !.. vous ne voulez pas attendre !

JULES.

Tenez, décidément, je suis bien malheureux !

THÉRÈSE.

Parce que ça ne va pas comme sur un chemin de fer ? Eh ! mon Dieu ! est-ce que les choses marchent ainsi dans ce monde ?

JULES.

Thérèse, vous me désespérez!

THÉRÈSE.

Moi ! par exemple !.. quand je cherche au contraire à vous consoler !

JULES.

Vous me dites d'attendre.

THÉRÈSE.

Eh bien ! oui !..

JULES.

Mais vous ne savez donc pas que mon oncle a aujourd'hui même écrit au père de Fanny ?

THÉRÈSE.
Alors, vous aurez bientôt réponse.
JULES.
Thérèse !
THÉRÈSE.
Eh bien ! quoi ?
JULES.
Vous qui êtes si bonne.
THÉRÈSE.
Ce n'est pas ce que vous avez toujours dit.
JULES.
Tâchez de savoir quelque chose.
THÉRÈSE.
Nous ferons en sorte.
JULES.
Ah ! que vous me faites plaisir !.. Oh ! Thérèse, quel bonheur !..
THÉRÈSE.
Il est fou !
JULES.
Laissez-moi vous embrasser !
THÉRÈSE.
Voyons, voyons, modérez-vous... Oh ! que les amoureux se ressemblent tous !
JULES.
Adieu, Thérèse !
THÉRÈSE.
Bien le bonjour !
JULES.
Vous ne m'oublierez pas ?
THÉRÈSE.
Soyez donc tranquille.

(*Jules sort par le fond.*)

SCÈNE II.

THÉRÈSE, *puis* FANNY.

THÉRÈSE, *seule*.

Je n'aime pas à le voir rôder ici ce petit bonhomme... comment ! c'est hier que Mademoiselle est sortie de pension, et le voilà ce matin... Il abat la besogne !.. avec tout ça, la mienne ne se fait pas... et Dieu sait si j'en manque... hier encore, douze personnes qui nous tombent, juste au moment de se mettre à table, sous prétexte qu'ils sont du pays... Des gens qu'on ne connaît ni d'Ève, ni d'Adam...

FANNY, *entrant par la droite* (1).
Bonjour, Thérèse.
THÉRÈSE.
Eh ! vous voilà de bien bon matin ?
FANNY.
Je suis si contente, et le temps me paraît si

(1) P. F.

court quand je suis à la maison !.. papa est levé ?
THÉRÈSE.
Pas encore ! Il s'est couché si tard, le pauvre cher homme !
FANNY.
Qu'as-tu, Thérèse ?.. Toi ordinairement si joyeuse quand je suis ici... tu as l'air tout triste ce matin ?
THÉRÈSE.
J'ai des raisons pour ça ; si vous saviez, chère enfant, tout ce que j'ai à souffrir, quand je vois un brave homme de père, comme le vôtre, se tuer le sang pour une poignée de viveurs qui le grugent à qui mieux mieux tout le long de l'année et le forcent à travailler jour et nuit... c'est affreux !...
FANNY.
Thérèse ?
THÉRÈSE.
Eh bien ?
FANNY.
Il vient de sortir quelqu'un tout à l'heure ?
THÉRÈSE.
Ah ! oui... ce petit bonhomme, qui rôde toujours par ici, quand vous y êtes !
FANNY.
Monsieur Jules !.. ce petit bonhomme !.. le frère de ma meilleure amie... Il venait souvent à la pension... c'est là que je l'ai connu... n'est-ce pas qu'il a l'air d'un bien bon jeune homme ?
THÉRÈSE.
Comment donc ! Il est charmant !.. Il ne vous a jamais rien dit ?
FANNY.
Si... il m'a demandé... si j'aimais les fleurs, les petits oiseaux... qu'il m'en donnerait.
THÉRÈSE.
C'est très obligeant de sa part ! Il ne vous a pas demandé aussi si vous l'aimiez un peu ?
FANNY.
Mais non... d'ailleurs, que lui aurais-je répondu ?
THÉRÈSE.
C'est qu'il m'a dit à moi qu'il vous aimait beaucoup.
FANNY.
Vraiment ?
THÉRÈSE.
Mais je ne l'engage pas à le dire à votre père... il pourrait bien lui faire rengainer son compliment... il a la tête près du bonnet, le cher homme !
FANNY.
Pauvre Jules !

SCÈNE III.

Les mêmes, LAVENAZE, *entrant par le fond, à gauche.*

LAVENAZE (1), *à sa fille, qu'il embrasse.*
Bonjour, mon enfant!.. Thérèsou, je n'y suis pour personne.

THÉRÈSE.
Et bien vous faites.

LAVENAZE.
Tous les jours de la semaine, distrait de mes occupations, je veux au moins avoir mon dimanche.

THÉRÈSE.
Le fait est qu'il n'y a pas d'auberge, pas de ministère, pas de boutique, où l'on reçoive autant!

LAVENAZE.
Je voudrais que vous puissiez aller tantôt toutes deux chez ma sœur... j'irai vous y rejoindre... Et, je le répète, que ma porte soit fermée à tout le monde!.. Tu entends?

THÉRÈSE.
Dieu merci, je ne suis pas sourde.

LAVENAZE.
Mes lettres... mes journaux!..

THÉRÈSE.
Sur votre bureau.

FANNY.
Adieu, papa, je te laisse.

LAVENAZE, *l'embrassant.*
Adieu, cher ange!

(*Fanny sort par la droite.*)

SCÈNE IV.

LAVENAZE, THÉRÈSE.

THÉRÈSE (2).
Tenez, votre résolution me rend bien contente!

LAVENAZE, *prenant une lettre sur son bureau.*
J'en suis bien aise!

(*Il lit sa lettre.*)

THÉRÈSE.
Vous faites joliment bien de ne pas recevoir ce tas de fainéants et de vauriens, qui, se disant du pays, vous tombent de toutes parts!..

LAVENAZE.
Tu as raison, je te l'accorde.., mais laisse-moi...

THÉRÈSE.
Ce Mermès!.. qu'en avons-nous besoin?.. Et ce Destoujac?.. que de petits écus vous a-t-il coûtés?

(1) T. L. F.
(2) T. L.

SCÈNE V.

LAVENAZE.
C'est bon!.. en voilà assez!

THÉRÈSE.
Ah! qu'ils connaissent bien tous le défaut de la cuirasse!..

LAVENAZE.
Tu m'avoueras que je joue de malheur!.. Il faut que ce soit précisément aujourd'hui, où j'ai besoin de tranquillité, que tu prennes à tâche de me harceler plus encore que de coutume!

THÉRÈSE.
Si je n'avais jamais pris de part à ce qui vous regarde, je me serais épargné bien des soucis... mais voilà... qu'on se sacrifie!.. qu'on se tue!.. qu'on en crève à la peine!.. on n'en fait jamais assez!..

LAVENAZE.
Tu en fais trop!..

THÉRÈSE.
C'est bon! je comprends ce que parler veut dire... je vous suis à charge... je le vois bien!.. Il fallait me le dire plus tôt... je me serais pourvue...

LAVENAZE.
Où vas-tu chercher tout cela?..

THÉRÈSE.
Vous en trouverez beaucoup qui vous élèveront vos enfants et soigneront votre maison, comme j'ai soigné la vôtre!..

LAVENAZE, *passant à gauche* (1).
Va te promener!

THÉRÈSE.
Je m'en y vas, Monsieur... je m'en y vas... mais je n'en pense pas moins!..

LAVENAZE.
Tu en penseras ce que tu voudras... cela m'est fort égal...

THÉRÈSE.
Vous mériteriez bien que je vous prenne au mot.

LAVENAZE.
Sera-ce pour aujourd'hui?

THÉRÈSE.
Ah! mon Dieu! vous êtes bien tous les mêmes!

(*Elle sort par le fond, à gauche.*)

SCÈNE V.

LAVENAZE, puis DESTOUJAC, *ensuite, à la fin,* THÉRÈSE.

LAVENAZE, *seul.*
Parce qu'il y a vingt ans que cette femme est ici, il faut que je subisse toutes ses humeurs!.. J'ai dix fois commencé la lecture de cette lettre... je n'ai jamais pu en venir à bout. (*Il va s'asseoir*

(1) L. T.

à son bureau et lit.) « Mon cher Monsieur, nous « avons reçu votre dernière, en date du 7 cou- « rant ; nous avons sur-le-champ expédié... » (*On frappe doucement à la porte du fond.*) Qui est là?.. Est-ce toi, Thérèsou?..

DESTOUJAC, *entr'ouvrant la porte, passant sa tête, et d'une petite voix douce* (1).
Eh! non, ce n'est point Thérèsou!..

LAVENAZE.
Qui donc, alors?.

DESTOUJAC.
Eh! parbleu! c'est moi!

LAVENAZE.
DESTOUJAC!.. (*A part.*) J'aurais dû m'en dou- ter!.. (*Haut.*) Entrez, voyons, ne restez pas à la porte.

DESTOUJAC.
Dois-je le faire?

LAVENAZE.
Fermez la porte!.. vous me laissez entre deux airs!.. C'est à n'y pas tenir!
(*Destoujac se glisse dans la chambre, referme la porte, et s'assied sur la première chaise qu'il rencontre près de la porte.*)

DESTOUJAC.
Adieu, mon bon!

LAVENAZE.
Votre serviteur!

DESTOUJAC.
Je crains que vous ne soyez occupé.

LAVENAZE.
Oui, en effet, je ne sais où donner de la tête... vous permettez?..
(*Il reprend la lecture de sa lettre.*)

DESTOUJAC.
Ne vous dérangez pas... je sais mieux que per- sonne combien vos instants sont précieux... aussi ne poserai-je ici qu'un moment... Et cette petite santé?

LAVENAZE, *lisant toujours*.
Très-bien... et la vôtre?..

DESTOUJAC.
Je me porte à ravir, Dieu merci!.. un tempéra- ment de fer... (*Il se lève et va s'asseoir à droite sur une chaise contre le mur* (2). Je n'avais, cher ami, d'autre but, en venant vous voir, que celui de m'informer de l'état de votre santé, qui, du reste, me paraît parfait.

LAVENAZE.
Vous êtes bien bon!
(*Il ouvre une seconde lettre.*)

DESTOUJAC.
Mais vous êtes occupé... je préfère revenir... je reviendrai... (*Il se lève et fait quelques pas du côté opposé à Lavenaze* (3). Je ne hais rien tant au

(1) D. L.
(2) L. D.
(3) D. L.

monde que ces gens qui vous viennent prendre d'assaut, s'installent chez vous des heures entiè- res et vous accaparent à tout jamais... Comme je ne veux pas être rangé dans cette catégorie, mon bon, je vous quitte...
(*Il remonte.*)

LAVENAZE.
Au plaisir!

DESTOUJAC, *revenant*.
Pardon, je vous vois parcourir une correspon- dance... ne serait-ce point, par hasard, une lettre de la sœur?..

LAVENAZE.
Précisément.

DESTOUJAC.
Elle se porte bien?

LAVENAZE.
Très-bien!..

DESTOUJAC.
Tant mieux! charmante femme!.. tant mieux!.. Quel ange!.. quelle égalité de caractère!.. c'est chez elle que je puis dire avoir passé mes plus belles années!.. cette chère sœur!... combien je la vénère!.. Bonne épouse! bonne amie! indul- gente! sincère! dévouée!.. le cœur sur la main!

LAVENAZE, *impatienté*.
Voulez-vous un journal?
(*Il se met à écrire.*)

DESTOUJAC.
Je vous rends grâce... je les ai parcourus ce matin... ils ne disent rien!.. Je vais donc vous quitter... vous laisser à vos occupations... Adieu, mon bon... (*Il remonte, puis redescend à droite et s'assied à une distance plus rapprochée de La- venaze* (1). J'avais pourtant un conseil à vous de- mander.

LAVENAZE, *à part*.
Il n'en finira pas!

DESTOUJAC.
Mais j'avoue que vous voyant tellement occu- pé, je n'ose aborder la question.

LAVENAZE.
Voyons, qu'est-ce que c'est?..

DESTOUJAC, *sans bouger*.
Toute réflexion faite, je reviendrai... laissez- moi partir...

LAVENAZE.
Depuis que vous êtes ici, vous auriez pu me conter dix fois votre affaire... mais, puisque vous voulez vous en aller, bonjour!

DESTOUJAC, *rapprochant tout-à-fait sa chaise de Lavenaze*.
Au surplus, ce ne sera pas long.

LAVENAZE, *à part, avec colère*.
Ah!..

DESTOUJAC.
J'ai besoin, mon bon, dans l'affaire qui m'a-

(1) L. D.

SCÈNE V.

mène près de vous, d'une franchise à toute épreuve... vous êtes prudent, de bon conseil... Toutes les fois que vous avez bien voulu m'aider de vos avis, je m'en suis parfaitement trouvé... Au nom de l'ancienne amitié qui nous lie, dites-moi franchement ce que vous en pensez... je vous en conjure, je vous en supplie!..

LAVENAZE.
Je vous le promets... mais soyez bref!..

DESTOUJAC.
Voici, en deux mots, mon affaire.

LAVENAZE.
Voyons.

DESTOUJAC.
Il est à votre connaissance, mon bon, à celle de tous nos compatriotes que, depuis longtemps, depuis quinze ans environ, j'ai abandonné mes affections, ma famille, mes amis d'enfance... bref, j'ai quitté le pays, pour m'en venir dans la capitale recouvrer le montant d'une créance de 173,263 francs et des centimes sur Saint-Domingue... Je crois vous en avoir parlé?..

LAVENAZE.
Plus de cent fois!..

DESTOUJAC.
Autant que ça?.. c'est bien possible. Enfin, je suis donc, par suite des longs retards qu'on m'a fait éprouver, dans une position des plus critiques, je ne vous le cèle pas... Depuis mon arrivée, logé chez de braves compatriotes, pleins de cœur et d'abandon, je suis l'objet des soins les plus assidus... c'est fort bien!.. mais l'honneur, la délicatesse me font un devoir de m'acquitter un jour... D'un autre côté, je vous dois encore cet aveu, ma garde-robe a le plus grand besoin d'être renouvelée... cette lévite que vous connaissez, ces chaussures qui ne sortaient pas des mains de l'ouvrier quand vous vous en séparâtes... toutes ces circonstances sont là pour prouver, au besoin, celui dans lequel je me trouve.

LAVENAZE, *se levant*.
Allons au fait!

DESTOUJAC, *quittant sa chaise et s'asseyant à la place de Lavenaze*.
M'y voici... Je crois vous avoir dit, mon bon, que je suis dans l'usage, et cela pour me distraire, de passer mes soirées à l'estaminet... je pourrais aller dans le monde, je n'y vais pas... et cependant, ce ne sont pas les invitations qui me manquent... elles me pleuvent de toutes parts... je préfère n'y pas aller.

LAVENAZE.
Au fait, mon cher, au fait!

DESTOUJAC.
J'étais donc l'autre soir à l'estaminet, lorsque M. Aubertot vint à moi...

LAVENAZE.
Qui ça, Aubertot?

DESTOUJAC, *se levant*.
Vous ne connaissez pas M. Aubertot?

LAVENAZE.
Pas le moins du monde.

DESTOUJAC.
Vous devez certainement le connaître, car lui vous connaît beaucoup...

LAVENAZE.
Quelle raison aurais-je de vous le cacher, si réellement je le connaissais!..

DESTOUJAC.
C'est un de vos plus grands admirateurs!

LAVENAZE.
A moi!.. ah çà! qu'est-ce que j'ai fait d'admirable?.. c'est une plaisanterie!.. Et, quelle est sa profession à ce monsieur?.. que fait-il?

DESTOUJAC.
Rien. C'est un de nos principaux capitalistes.

LAVENAZE.
Qui va à l'estaminet?

DESTOUJAC.
Pourquoi pas?

Air de la *Somnambule*.

L'estaminet est un lieu de plaisance,
Où vont le soir tous les gens de bon ton,
Là, des garçons remplis de complaisance
Versent à flots café, bière ou bouillon.
Aux dominos, bientôt l'esprit s'allume,
On cause, on rit, la pipe s'y permet.

LAVENAZE, *à part*.
Moi, ventrebleu! j'en connais un qui fume,
Sans aller à l'estaminet.

(*Il va s'asseoir près de la cheminée.*)

DESTOUJAC, *venant se placer tout debout, le dos tourné à la cheminée* (1).

L'autre soir donc, Aubertot m'aborde... sa figure, assez ordinairement grave et réfléchie, semblait épanouie... et, après les compliments d'usage : « J'ai, me dit-il, en me tirant à l'écart, j'ai, mon « bon, une proposition à vous faire... » Ici, cher ami, prêtez-moi toute votre attention.

LAVENAZE.
Allez! allez!

DESTOUJAC.
« Vous êtes un homme que j'aime... » C'est toujours Aubertot qui parle...

LAVENAZE.
Allez toujours!

DESTOUJAC.
« Que j'aime, que j'honore... je serais flatté de
« vous voir de notre bord... nous avons besoin
« de gens qui tiennent à quelque chose... soyez
« des nôtres... vous attendez après votre liquida-
« tion de Saint-Domingue, je le sais... vous êtes
« dans une grosse panne, une grosse débine...
« ma bourse et mon crédit sont à vous... et,

(1) D. L.

« comme ce ne sont pas des paroles en l'air, voici trois napoléons que je mets à votre disposition... »

LAVENAZE.

Vous les prîtes?..

DESTOUJAC.

Je ne les pris point, je ne voulus pas même les regarder... tant il me tardait d'avoir votre opinion à cet égard.

LAVENAZE.

S'agissait-il de vous mettre en avant, de vous engager dans quelque opération où votre honneur pût être compromis?

DESTOUJAC.

Pas du tout!.. seulement il lui importait toujours, à Aubertot, de pouvoir se dire : Destoujac est avec nous... Destoujac est des nôtres... il est de notre bord!..

LAVENAZE.

Et quel est votre bord?..

DESTOUJAC.

Je n'en ai pas!

LAVENAZE.

Les opinions que vous professez?..

DESTOUJAC.

Aucune!..

LAVENAZE.

Et ce monsieur vous offrait ainsi trois napoléons sans rien exiger de vous, sans rime ni raison?

DESTOUJAC.

C'est comme j'ai l'honneur de vous le dire.

LAVENAZE, *se levant.*

De toutes les histoires que vous m'avez contées, celle-ci, je l'avoue, est la plus extraordinaire.

DESTOUJAC, *quittant la cheminée.*

Et pourquoi?

LAVENAZE.

Parce qu'on ne va pas offrir de but en blanc trois napoléons au premier venu.

DESTOUJAC.

Au premier venu?

LAVENAZE.

Sans doute. Pour ce Monsieur vous n'étiez, après tout, qu'une connaissance d'estaminet... qui vous dit que son intention n'était pas de vous affilier à quelque complot, à quelque société secrète en opposition avec l'ordre de choses?

DESTOUJAC.

Aussi n'ai-je voulu rien entamer, sans vous avoir préalablement consulté... Dites-moi, mon bon, qu'en pensez-vous?.. faut-il prendre ces trois napoléons?

LAVENAZE.

Si vous ne pouvez faire autrement... mais rendez-les-lui dès que vous pourrez.

DESTOUJAC.

Immédiatement après ma liquidation de Saint-Domingue... c'est mon intention. (*Il remonte et redescend* (1). Mais, j'y pense... vous m'avez fait faire des réflexions... vous venez de m'ouvrir les yeux... cet Aubertot, je ne le connais pas, à tout prendre... peut-être a-t-il l'idée de me mettre en avant, de me faire attacher le grelot... et, une fois compromis... va te promener... va-t-en voir s'ils viennent!

LAVENAZE.

Ma foi!..

DESTOUJAC.

Si je refusais ces trois napoléons? j'en ai grosse envie...

LAVENAZE.

C'est peut-être ce que vous feriez de mieux...

DESTOUJAC.

Je le crois aussi... décidément je refuse. (*Fausse sortie. Revenant* (2) Je serais bien simple, après tout, d'aller contracter des obligations envers un vivant, que je connais à peine... quand j'ai sous la main des braves compatriotes, qui jamais ne me laisseront dans l'embarras. (*Il serre Lavenaze dans ses bras.*) Pas vrai, mon bon?

LAVENAZE, *à part.*

Je commence à comprendre.

DESTOUJAC.

Au reste, cet Aubertot n'est nullement de chez nous... c'est un Flamand... un pilier de tabagie... peut-être même est-ce un agent provocateur... je n'en mettrais pas ma main au feu!..

LAVENAZE.

Votre capitaliste!..

DESTOUJAC.

Ça ne m'étonnerait pas... Eh! que m'importent, après tout, ces trois napoléons?.. ne suis-je pas fait aux privations?.. ne dîne-t-on pas fort bien partout pour un franc vingt-cinq, un franc trente, un franc soixante, y compris le garçon?.. et vous n'avez d'obligation à personne?..

LAVENAZE, *s'asseyant à son bureau.*

Vous me tenez des heures entières!.. que ne le disiez-vous plus tôt!.. (*Lui donnant de l'argent, qu'il prend dans un tiroir.*) Voilà!

DESTOUJAC.

Ah! vous êtes de ces hommes rares et précieux, de ces météores qui apparaissent à de longs intervalles, de ces hommes enfin, comme il serait à désirer que nous en eussions beaucoup à la Chambre!

LAVENAZE.

Vous êtes fou!.

DESTOUJAC, *pressant les mains de Lavenaze.*

Si fait, tu les mérites ces éloges, homme généreux! à bientôt!.. (*Lavenaze fait un mouvement pour se lever... le retenant.*) Ah çà, j'espère que vous n'allez nullement vous déranger!

(1) L. D.

(1) D. L.

LAVENAZE.
J'ai besoin de me lever.
DESTOUJAC, *le repoussant dans son fauteuil.*
Vous n'en ferez rien... ce sont des enfantillages.
LAVENAZE, *s'échauffant.*
Je dois sortir, vous dis-je!
DESTOUJAC.
Et pourquoi ?
LAVENAZE.
Il faut que j'aille dire un mot au portier.
DESTOUJAC.
Si ce n'est que cela, je m'en charge.
LAVENAZE, *parvenant à se lever et passant à gauche* (1).
Mais, au nom du ciel, laissez-moi !
DESTOUJAC.
Puisque vous le voulez ?
LAVENAZE, *cherchant.*
Où ai-je fourré mon chapeau ?.. Thérèsou! Thérèsou !
THÉRÈSE (2), *entrant par le fond, à gauche.*
Voilà, Monsieur.
LAVENAZE.
Mon chapeau ?
THÉRÈSE, *le lui montrant accroché à la porte.*
Il vous crève les yeux.
LAVENAZE, *après avoir pris son chapeau, à Destoujac.*
Passez !
DESTOUJAC.
Après vous, mon bon !
LAVENAZE.
Comme vous voudrez !
(*Il va pour sortir par le fond, Destoujac passe devant lui ; Lavenaze le suit en haussant les épaules.*)

~~~~~~~~~~~~~~~~~~~~~~~~~~~~

SCÈNE VI.

THÉRÈSE, *puis* JULES.

THÉRÈSE, *seule.*
Allons, bien !.. Monsieur qui voulait rester chez lui !.. le voilà encore dérangé !.. Par où donc ce Destoujac est-il entré ?.. j'avais recommandé au portier de ne laisser monter personne.

Air : *la Bonne aventure.*

Ces garçons viennent chez moi
   Tirer des carottes !
Chaque jour, on les voit tous
   Y traîner leurs bottes !
C'est à qui nous grugera !
Ah ! qui nous délivrera

(1) L. D.
(2) T. L. D.

Des compatriotes,
Oui-dà !   } (*bis.*)
Des compatriotes !

JULES, (1) *entrant par le fond.*
Thérèse ?..
THÉRÈSE.
Encore le petit !
JULES.
Savez-vous quelque chose ?..
THÉRÈSE.
Non et vous... Vous êtes donc bien pressé ?
JULES.
Si je le suis ! grand Dieu !

Air : *les Cinq codes que je me flatte.*

Un matelot qui voit la terre,
Un malheureux cerf aux abois,
Un employé retardataire,
Une assemblée allant aux voix,
Un cheval pur sang qui s'élance,
Au chemin de fer un convoi,
Ma chère, ayez-en l'assurance,
Ne sont pas plus pressés que moi !

JULES.
Il n'a donc pa lu la lettre ?
THÉRÈSE.
Même air.

J'aime votre ardeur, jeune homme,
Mais à quoi bon tant nous presser,
Puisque vous me semblez, en somme,
Ne rien faire pour avancer.
Vous craignez un père inflexible,
Vous parlez avec embarras,
Vous vous dépêchez, c'est possible,
Et pourtant vous n'avancez pas.

Ma foi, je n'en sais rien.
JULES.
Ah ! Thérèse, vous qui m'aviez promis...
THÉRÈSE.
Croyez-vous que je n'aie que cela à penser !
JULES.
Vous voulez donc me faire mourir ?
THÉRÈSE.
Calmez-vous, jeune homme, calmez-vous !
JULES.
C'est bien facile à dire.
THÉRÈSE.
Mais, enfin, si Monsieur a reçu la lettre de votre oncle...
JULES.
Eh bien ?..
THÉRÈSE.
Eh bien ! il a dû la lire...
JULES.
Eh bien ?

(1) T. J.

THÉRÈSE.
Eh bien! il lui a peut-être répondu.
JULES.
C'est vrai, il a peut-être répondu... je n'y pensais pas... je cours chez mon oncle... Et si vous apprenez quelque chose...
THÉRÈSE.
Je vous le mettrai en réserve.
(*Jules sort par le fond.*)

SCÈNE VII.

THÉRÈSE, puis MERMÈS.

THÉRÈSE, seule.
Il est gentil, ce petit bonhomme, mais il est trop vif!.. Oh! Dieu! je n'aimerais pas un amoureux qui frétille comme un poisson!..
MERMÈS (1), *entrant par le fond, un cigarre à la bouche, et une cravache à la main.*
Les paresseux!.. pas encore levés!.. (*Il frappe sur le bureau avec sa cravache.*) Eh! quelqu'un!
THÉRÈSE.
Vous voulez donc briser notre mobilier?..
MERMÈS.
Ah! te voilà!.. Le froid, il pique ce matin..... (*Il va s'asseoir devant la cheminée.*) As-tu du feu? (*Il tisonne.*) Lavenaze n'est pas là?..
THÉRÈSE.
Non, Monsieur... D'ailleurs, il veut absolument qu'aujourd'hui je n'ouvre à personne.
MERMÈS.
C'est donc pour ça que toutes les portes sont ouvertes?..
THÉRÈSE.
Pouah! quelle odeur!.. Vous serez donc toujours dans l'habitude de rendre vos visites la pipe au bec?..
MERMÈS (2), *se levant et passant à droite.*
Je vais me gêner ici, n'est-ce pas?.... chez un compatriote!..
THÉRÈSE.
Il est sûr que chez vous vous ne seriez pas plus à votre aise.
MERMÈS, *posant son pied sur le fauteuil.*
Thérèsou!..
THÉRÈSE.
Qu'est-ce?
MERMÈS.
Ne pourrais-tu me faire un point?.. mon sous-pied il est détaché.
THÉRÈSE.
Par exemple!.. faites raccommoder vos culottes par qui vous voudrez... ce ne sont pas mes affaires.

(1) T. M.
(2) M. T.

MERMÈS.
Tu es mal montée ce matin, ma charmante... tu as mis ta coiffe de travers... non, tu n'es plus cette bonne Thérèsou..., cette fille si riante, si pimpante, si divertissante!.. ah! ma chère, te voilà bien changée!.. tu viens vieille!
THÉRÈSE.
Malhonnête!
MERMÈS.
Ah! je suis abîmé!.. je suis de semaine... depuis le matin sur mes jambes!.. juge un peu!..
THÉRÈSE.
Je vous plaindrais si j'en avais le temps.

MERMÈS.

Air de *Partie et revanche.*

Un sous-lieutenant de semaine,
C'est un homme fort embêté,
Qu'à son tour la consigne enchaîne...
Ainsi le veut l'égalité, (*bis.*)
Mais, dans l'ennui qui m'assassine,
Sous l'ère de la liberté,
J'établis ici ma cantine,
Au nom de la fraternité.

THÉRÈSE.
Prendre notre maison pour une cantine... ça me crispe!..
MERMÈS.
Tu ne t'apitoies guère sur mon sort.
(*Il va s'asseoir devant le bureau.*)
THÉRÈSE.
J'ai bien autre chose à faire!.. Tenez-vous à rester?
MERMÈS.
Oh! oh!...
(*Il pose ses deux jambes sur le bureau.*)
THÉRÈSE.
Alors, je m'en vais. (*A part.*) C'est pour le coup que je ne risquerais rien, si monsieur rentrait... quelle bourrasque!..
(*Elle remonte.*)
MERMÈS.
Tu m'abandonnes!
THÉRÈSE.
Croyez-vous que je vais m'amuser à rester là?.. nbonjour... Dites donc, si vous voulez, je vas vous allez chercher des oreillers!.. Ah! s'il est possible!
(*Elle sort par le fond, à gauche.*)

SCÈNE VIII.

MERMÈS, puis LAVENAZE.

MERMÈS.
Si on ne la connaissait pas, on croirait que je l'embête... mais elle est enchantée de me voir.

SCÈNE VIII.

LAVENAZE, *entrant par le fond* (1).

Maudit homme !... heureusement m'en voilà débarrassé... (*Il ferme la porte.*) J'espère qu'on ne viendra plus me déranger. (*Il met son chapeau sur la pendule.*)

MERMÈS, *les jambes toujours en l'air.*

Tiens !.. c'est toi ?..

LAVENAZE, *stupéfait.*

Qu'est-ce encore ?..

MERMÈS.

Comment va ?

LAVENAZE.

Par où es-tu venu ?..

MERMÈS.

Et toi ?..

LAVENAZE.

Qui t'a ouvert ?..

MERMÈS.

Personne... rien n'était fermé.

LAVENAZE, *à part.*

Cette fille me fera mourir à petit feu ! (*Haut.*) Et qui me procure ta visite de si bonne heure ?

MERMÈS.

Je suis de semaine... je m'embête à mort... et comme tu n'es qu'à deux pas du quartier, et que je n'ai rien à faire jusqu'à la parade, je viens un peu tuer le temps ici.

LAVENAZE.

Grand merci de la préférence !.. Veux-tu me passer cette lettre que tu as là ?..

MERMÈS.

Où cela ?..

LAVENAZE.

Sur le bureau, sous ta jambe droite.

MERMÈS, *poussant la lettre avec sa cravache.*

Ce chiffon de papier ?..

LAVENAZE.

Précisément. (*Prenant la lettre.*) Je te remercie...

(*Il se met à écrire sur un carton du bureau.*)

MERMÈS.

A ton service. Mais, dis-moi un peu... je te vois là perché sur ce carton... que ne te mets-tu à ton bureau ?.. ne serais-tu pas mieux ?..

LAVENAZE.

Beaucoup mieux... mais, pour cela, il me faudrait mon fauteuil...

MERMÈS, *se levant et passant à gauche* (2).

Qu'à cela ne tienne, cher ami... reprends ta place. (*Lavenaze s'assied à son bureau; Mermès se promène en chantonnant, et s'arrête devant la cheminée.*) Tiens ! la singulière forme de chapeau ! A qui est-ce, ce chapeau ?... (*Il le met sur sa tête.*) La drôle de forme !.. Comment me trouves-tu avec ?.. Il est bien trop petit pour moi... Il me gêne horriblement !..

LAVENAZE.

Laisse donc mon chapeau.

MERMÈS.

Comment ! c'est là ton chapeau ?.. Tu as une forme pareille ?.. Tu as la tête bien étroite... heureusement qu'il y a moyen d'arranger les affaires...

(*Il pose le chapeau sur son genou et s'apprête à l'agrandir.*)

LAVENAZE, *se levant.*

Mais que fais-tu ?.. tu vas briser mon chapeau !

MERMÈS.

Laisse-moi faire... cela me connaît... je vais pouvoir l'entrer...

LAVENAZE.

Je n'en vois pas la nécessité... l'essentiel c'est qu'il m'aille... rends-le-moi !..

MERMÈS.

Attends un peu !..

(*Débat entre eux. — Le chapeau tombe; Lavenaze met le pied dessus.*)

LAVENAZE, *en colère, le ramassant.*

Qu'avais-tu besoin d'essayer ce chapeau ?.. Je te demande s'il était bien nécessaire que tu l'essayasses ?..

(*Il redresse son chapeau, et va l'accrocher à la patère du fond.*)

MERMÈS.

Je voulais voir la figure que j'avais avec.

(*Il prend une chaise contre la cheminée, la fait tourner, s'appuie dessus et la casse.*)

LAVENAZE.

Tu veux donc tout briser ?..

MERMÈS, *jetant la chaise de côté.*

C'est la première fois que ça m'arrive.

LAVENAZE.

Par exemple !.. Tu ne viens pas ici de fois que tu ne laisses quelque trace de ton passage !.... Il faut que tu touches à tout..

(*Il se rassied à son bureau.*)

MERMÈS.

Si tu y tiens tant, à la malheureuse chaise, je te la paierai, et qu'il n'en soit plus question !.. (*Il tire un cigarre de sa poche.*) Tu étais donc hier à la campagne ?.. je ne t'ai point rencontré... j'amenais le fils Tartat, le petit Tartassou... il est ici... nous étions venus te demander à dîner.

LAVENAZE.

Que vient-il faire à Paris, ce jeune homme ?

MERMÈS.

Tu as un briquet ?..

LAVENAZE.

Vois sur la cheminée.

MERMÈS, *cherchant sur la cheminée.*

Sur la cheminée ?.. pas plus que sur la main..

LAVENAZE.

Tu vas encore fumer ?

(1) L. M.
(2) M. L.

MERMÈS, *cherchant toujours.*
Comment?.. pas de briquet?.. Ah çà, tu plaisantes... on ne croira jamais que dans une maison comme la tienne, il n'y ait pas un briquet...
(*Il bouscule tout sur la cheminée, la pendule, les vases, les flambeaux, etc.*)

LAVENAZE, *se levant.*
Prends donc garde... tu vas encore faire quelque miracle!..

MERMÈS.
Sois calme... ne crains rien...
(*Il jette un vase par terre.*)

LAVENAZE, *courant à la cheminée* (1).
Allons! bon!
(*Il ramasse le vase.*)

MERMÈS, *allant au bureau.*
Je t'ai cependant connu un briquet... (*Cherchant dans son carton, qu'il bouleverse.*) On ne me l'ôtera pas de l'idée... je le vois encore, dans une petite boîte rouge...

LAVENAZE, *revenant à son bureau, et reprenant le carton des mains de Mermès* (2).
Laisse donc... il n'y en a pas là.

MERMÈS, *fouillant dans sa poche, et en tirant un briquet.*
Diable de bête!.. j'avais le même dans ma poche... tu vois ce briquet?.. Tu le trouverais dans la rue, tu ne le ramasserais pas?.. Eh bien! tel qu'il est, je ne m'en déferais pas pour beaucoup...
(*Il fait partir son allumette sous le nez de Lavenaze, qui s'est levé.*)

LAVENAZE.
Pouah!

MERMÈS, *allumant son cigarre.*
Ne me demandais-tu pas ce que venait faire à Paris le petit Tartassou?.. (*Il tape avec sa cravache sur le carton, que Lavenaze, impatienté, recule.*) Il y vient finir son droit qu'il a commencé à la faculté d'Aix. (*Il s'assied sur le bord du bureau.*) Le père voudrait en faire un procureur... mais je ne lui crois pas les doigts assez longs... charmant jeune homme! très bien! très gentil!.. et qui n'abandonne pas sa part aux chiens... il a mangé à son père plus d'argent qu'il ne pèse.

LAVENAZE, *se levant.*
Ah çà, dis donc... je ne me gêne pas avec toi... je vais te prier de me laisser seul.

MERMÈS, *quittant sa position sur le bureau.*
Bien! très bien!.. tu sais que je lui ai donné rendez-vous ici, au petit Tartassou!

LAVENAZE.
Pourquoi donc faire?

MERMÈS.
Nous venons dîner.

(1) L. M.
(2) M. L.

LAVENAZE.
Je dîne chez ma sœur.
(*Il passe à gauche, et achève de réparer le désordre de la cheminée.*)

MERMÈS (1).
Qu'à cela ne tienne! la maison est bonne!.. et Thérèsou est là.

~~~~~~~~~~~~~~~~~~~~~~~~~~~~~~~~~

SCÈNE IX.

LES MÊMES, THÉRÈSE.

THÉRÈSE, *entrant par le fond, à gauche, et apportant sur un plateau une tasse de café, un petit pain, etc* (2).
Voilà le déjeuner...

MERMÈS, *prenant le plateau des mains de Thérèse.*
Bien obligé.

THÉRÈSE.
Comment?

MERMÈS, *posant le plateau sur le bureau, s'appuyant et commençant à déjeuner.*
Ah! tu vas dîner chez ta sœur!.. bien des choses de ma part, entends-tu?.. je t'en prie... (*A Thérèse.*) Ton café n'est point chaud... c'est de la lavasse.

THÉRÈSE.
Vraiment?.. laissez-le.

LAVENAZE.
Voilà qu'il va manger mon déjeuner.
(*Il passe au milieu.*)

MERMÈS (3).
Serait-ce ton déjeuner?

THÉRÈSE.
Oui!

MERMÈS, *à Thérèse.*
Que ne le disais-tu?.. tu es plantée là comme un piquet!

THÉRÈSE.
M'avez-vous seulement donné le temps de parler?

MERMÈS.
Enfin, n'importe... à peine si j'ai commencé.. Tiens, cher ami, déjeune!
(*Il se lève et lui présente la tasse.*)

LAVENAZE.
Non, du tout... Thérèsou va m'en donner une autre...

THÉRÈSE.
Je n'ai plus de café.

MERMÈS.
C'est moi qui vais la prendre, cette autre... prends celle-ci!

LAVENAZE.
Je n'en veux pas!

(1) L. M.
(2) L. T. M.
(3) T. L. M.

MERMÈS, *le faisant passer et asseoir à son bureau* (1).

Puisqu'elle t'était destinée... tu la prendras, ou je veux être pendu!

LAVENAZE, *se levant.*

Je ne la prendrai pas!

MERMÈS.

Tu la prendras!

(*Combat de générosité; le déjeuner est renversé sur le bureau.*)

LAVENAZE.

Tout le café sur mon bureau!

(*Thérèse court au bureau, et essuie avec une serviette.*

MERMÈS, *prenant sur le bureau le foulard de Lavenaze, et essuyant avec* (2).

Ce n'est rien!

(*Il bouleverse les papiers.*

LAVENAZE, *reprenant son foulard.*

Que le diable t'emporte! Tous mes papiers en l'air!..

MERMÈS.

Ce n'est rien!

LAVENAZE, *ramassant ses papiers.*

Va-t'en au diable!.. et n'en reviens jamais!..

(*Il passe à gauche.*)

MERMÈS (3).

Comme tu deviens méchant!.. tu avais grandement raison, Bobonne... il est bien changé!..

THÉRÈSE.

Je n'ai jamais dit cela.

MERMÈS, *à Lavenaze, qui a fait un paquet de ses papiers et les a mis sous son bras.*

Où vas-tu donc?..

LAVENAZE.

Puisqu'il n'y a plus moyen de rester chez soi, bien le bonjour...

(*Il remonte.*)

MERMÈS.

Tu t'en vas?

LAVENAZE.

Il y a longtemps que j'aurais dû le faire.

(*Il sort par le fond.*)

MERMÈS.

Le voilà filé! (*Il court à la porte.*) Songe que le petit Tartassou vient dîner!

~~~~~~~~~~~~~~~~~~~~~~~~~~~~~~~~~

SCÈNE X.

MERMÈS, THÉRÈSE.

MERMÈS, *redescendant* (4).

Pauvre garçon! il a toujours eu de ces vivacités-là... heureusement que, la main tournée, il n'y pense plus... J'ai faim!..

(*Il prend le petit pain et mange.*)

THÉRÈSE.

Il faut qu'il soit bien bon, d'endurer ce qu'il endure!

MERMÈS, *la bouche pleine.*

Il se monte!.. se monte!.. et le voilà parti...

THÉRÈSE.

Vous n'avez de cesse qu'il ne soit à bout!

MERMÈS.

Voyons... parlons peu et parlons bien... J'ai envoyé ici à dîner tantôt un charmant garçon de chez nous... le petit Tartassou...

THÉRÈSE.

Un compatriote à dîner!.. Monsieur ne m'en a rien dit.

MERMÈS.

Songe un peu que ce jeune homme s'en ira partout chanter les louanges!

THÉRÈSE.

La marmite est renversée!

MERMÈS.

Air de *Lantara.*

Allons, ma chère, sois gentille!
Ainsi pourquoi te mutiner?
Quand je veux que ton talent brille,
Soigne-nous un petit dîner,
Comme tu sais si bien les façonner.
Mon appétit le savoure d'avance,
Et nous saurons, n'en doute pas,
Pour lui prouver notre reconnaissance,
Manger deux fois de tous les plats!

(*Il veut lui prendre la taille.*)

THÉRÈSE, *le repoussant.*

Voulez-vous bien vous tenir! voulez-vous bien vous tenir!.. A-t-on jamais vu!

(*Elle se sauve du côté de la cheminée, il la poursuit, et en passant, renverse les chaises et le fauteuil du bureau.*)

MERMÈS (4).

Allons, faisons la paix!

THÉRÈSE.

Ne m'approchez pas, ou je vous arrache les yeux!

MERMÈS, *la poursuivant toujours.*

Eh bien, c'est cela... commençons le feu!

THÉRÈSE, *saisissant le soufflet.*

Finissez!.. ou je vous flanque un soufflet!

MERMÈS, *reculant.*

Diable! comme tu y vas!.. Je bats en retraite...

(*Il sort par le fond.*)

THÉRÈSE, *remettant le soufflet.*

C'est ce que vous avez de mieux à faire...

MERMÈS, *en dehors.*

Songe qu'à cinq heures nous tombons ici!

---

(1) T. M. L.
(2) M. L. T.
(3) L. M. T.
(4) M. T.

(4) T. M.

THÉRÈSE, *allant à la porte.*
Si vous tombez, ce n'est pas moi qui vous ramasserai!..

SCENE XI.

THÉRÈSE, FANNY, *entrant par la droite.*

FANNY (1).
Qu'as-tu donc, ma bonne?.. Qu'est-il arrivé?.. Ces chaises renversées!..
(*Aidée de Thérèse, elle relève le fauteuil et les chaises.*)
THÉRÈSE.
Si vous saviez l'assaut que je viens de soutenir!
FANNY.
Où est mon père?
THÉRÈSE.
Il a cédé la place... et bien lui en a pris... Nous ne pouvons pas rester ici... nous n'y sommes plus les maîtres!..
FANNY.
Que s'est-il donc passé?..
THÉRÈSE.
On vient d'entrer ici malgré moi, malgré votre père, malgré tout le monde!..
FANNY.
Qui donc?
THÉRÈSE.
Des compatriotes! Mademoiselle, des compatriotes!..

Air de Marianne.

Ah! que ne sont-ils tous au diable,
Car j'en perdrai l'esprit vraiment!
L'un s'éternise à notre table,
Et l'autre exige un logement!
Puis notre bourse
Est la ressource
De tous ces gas qui pullulent ici!
Chacun me sonne,
Chacun ordonne...
L'un veut cela, l'autre voudrait ceci!
La sauterelle, qui foisonne,
Ne ronge pas mieux un pays,
Que ne nous ont rongé ces fils
Des bords de la Garonne!

SCENE XII.

LES MÊMES, LAVENAZE.

LAVENAZE, *entrant furtivement par le fond* (2).
Mon chapeau?
(*Il va à son burrau, Thérèse le suit.*)

(1) T. F.
(2) T. L. F.

FANNY (1).
Qu'as-tu donc, papa?.. Tu as l'air tout troublé!...
LAVENAZE, *passant à gauche* (2).
Tais-toi, malheureuse!.. qu'on ne devine pas où je vais!..
(*Il prend son chapeau à la patère.*)
FANNY, *effrayée.*
Oh! mon Dieu!
THÉRÈSE.
Mais, qu'est-ce que c'est, Monsieur?
LAVENAZE.
C'est... Ne m'en demandez point davantage... Je n'ai point un moment à perdre... Je descends par le petit escalier... et je défends qu'on me suive...
FANNY.
Mais, papa,..
LAVENAZE.
Je défends que l'on me suive!..
(*Il sort vivement par la porte du fond, à gauche.*)
FANNY, *stupéfaite, à Thérèse.*
Où va-t-il donc?..
THÉRÈSE.
Il perd la tête!.. Ah! qui nous délivrera des compatriotes!..
MADAME DE LA BASTIDE, *en dehors.*
Surtout, prenez garde en montant.
THÉRÈSE.
Qui est-ce qui nous arrive encore? (*Elle court à la porte du fond, qui s'ouvre; des commissionnaires portant des bagages lui barrent le passage et restent.*) Qui demandez-vous?

SCENE XIII.

FANNY, THÉRÈSE, COMMISSIONNAIRES, *puis* MADAME DE LA BASTIDE.

MADAME DE LA BASTIDE, *en dehors* (3).
Bien! très bien! vous monterez tous les effets ici... allez...
THÉRÈSE.
Je reconnais cette voix... c'est celle de madame de la Bastide...
(*Les commissionnaires placent des paquets sur tous les sièges, excepté sur le canapé.*)
MADAME DE LA BASTIDE, *entrant par le fond : elle tient un oreiller sous un bras, un coussin sous l'autre et un cabas plein à la main* (4).
Adieu, tout le monde.
THÉRÈSE.
Votre servante!

(1) F. L. T.
(2) L. F. T.
(3) F. le Com. T.
(4) F. Mad. de la Bast. Le Com. T.

SCÈNE XIV.

MADAME DE LA BASTIDE.
Eh! c'est Thérèsou?.. Ne me perds pas ces gaillards-là de vue, ma fille... tu veilleras surtout à ce que mes cartons ne soient pas culbutés.
(*Elle va et vient.*)

THÉRÈSE, *à part*.
Nous ne risquons rien... c'est le restant de nos écus!..

MADAME DE LA BASTIDE, *à Fanny et à Thérèse*.
Prenez-moi tout ça, qui m'étouffe... (*Fanny et Thérèse la débarrassent et placent au fond les objets qu'elle portait. — A un commissionnaire.*) Dis-moi, mon bon, tu diras au portier qu'il commande mon bain pour quatre heures au lieu de trois...
(*Le commissionnaire sort par le fond.*)

THÉRÈSE.
Madame descend donc ici?

MADAME DE LA BASTIDE.
Où diable voudrais-tu que je descendisse?

THÉRÈSE.
Il ne manque pas d'hôtels à Paris.
(*Elle remonte.*)

MADAME DE LA BASTIDE.
A l'hôtel!.. fi donc! ce serait du propre... je n'irais pas pour un empire!.. Ah çà! mes enfants, je profite de ces gens pour faire enlever ce bureau.

THÉRÈSE, *redescendant près de Fanny* (1).
Le bureau de Monsieur!..

MADAME DE LA BASTIDE.
Je n'aime pas le voir, ce grand bête de bureau... Pourquoi l'avoir mis dans cette pièce, qui est de toutes celles de votre appartement à qui je donne la préférence. (*Au commissionnaire, qui rentre par le fond en portant une malle qu'il dépose au fond.*) Et ma grande caisse?.. je ne la vois pas...

LE COMMISSIONNAIRE.
Les camarades disent qu'elle est trop grande pour ici.

MADAME DE LA BASTIDE.
Les camarades sont des niais... Je ne sais pas pour quelle raison cette caisse, qui est déjà venue, n'entrerait pas encore... Descends me la chercher.

LE COMMISSIONNAIRE.
On y va, Madame, on y va!
(*Il sort par le fond.*)

MADAME DE LA BASTIDE, *à part*.
Il est bien, ce commissionnaire... il est très bien! (*Haut, aux deux autres commissionnaires.*) Dites un peu, vous, là-bas... poussez-moi ce grand diable de bureau-là contre le mur...
(*Les commissionnaires prennent le bureau.*)

THÉRÈSE.
Elle y tient!

(1) F. T. Mad. de la Bast.

MADAME DE LA BASTIDE.
Encore! encore!.. (*Les commissionnaires placent le bureau au fond, devant la bibliothèque, à droite.*) C'est cela!.. très bien!.. (*Un des commissionnaires sort par le fond. — A celui qui reste.*) Maintenant, toi, ce canapé contre la cheminée... Thérèsou va t'aider...

THÉRÈSE, *passant à droite, avec Fanny*.
Je ne connais rien à cela.

MADAME DE LA BASTIDE (1).
Pardon, chère, pardon... Ne descends pas de ton carrosse... je vais le faire. (*Elle prend un des bras du canapé. — Au commissionnaire.*) Tiens, mon garçon, prends ainsi ce canapé... pousse!.. pousse sur moi!.. c'est cela...
(*Aidée du commissionnaire, elle place le canapé contre la cheminée. Le commissionnaire sort par le fond.*)

FANNY.
Si vous preniez quelque chose?

MADAME DE LA BASTIDE.
Rien, cher ange... rien avant mon dîner... Je n'ai que soif.

FANNY.
Thérèse, tu entends...

THÉRÈSE.
J'y vais... (*A part.*) Nous ne sommes pas au bout de nos peines...
(*Elle sort par le fond.*)

SCÈNE XIV.

MADAME DE LA BASTIDE, FANNY, puis les COMMISSIONNAIRES.

MADAME DE LA BASTIDE.
Petite, donne-moi mon cabas... (*Fanny le lui donne.*) Bien obligée. Il me faut un peignoir pour quand je sortirai du bain. (*Les commissionnaires paraissent au fond, roulant une énorme caisse devant la porte.*) Quand je vous disais que rien n'était plus facile que de monter cette caisse...

LE COMMISSIONNAIRE.
Pas déjà si tant!

MADAME DE LA BASTIDE.
Enfin! que font-ils donc, les autres, à cette porte?

LE COMMISSIONNAIRE.
Pas moyen d'entrer... la porte est trop étroite...

MADAME DE LA BASTIDE.
Vous êtes des fainéants... (*Elle pose son cabas sur le canapé.*) Si je ne m'en mêle, vous serez ce soir à cette porte. (*A Fanny.*) Tiens, petite, prends mon chapeau. (*Elle lui donne son chapeau, et Fanny l'accroche à la patère. Madame de la Bastide va ensuite au fond, et fait des efforts pour*

(1) Mad. de la Bast. F. T.

remuer la caisse.) Je n'y conçois rien... Cette caisse, que d'ordinaire je lève comme une plume... je ne puis la bouger... Je suis toute trempe...

SCÈNE XV.

Les mêmes, THÉRÈSE, *paraissant au fond derrière la caisse; elle porte sur un plateau une bouteille de madère et un verre.*

THÉRÈSE (1), *à madame de la Bastide.*
Voilà pour vous rafraîchir !

MADAME DE LA BASTIDE, *prenant le plateau et le posant sur la caisse.*
Laisse-moi là ce que tu tiens, et pousse de ton côté.

THÉRÈSE, *reprenant le plateau.*
Mais vous allez tout renverser !..

MADAME DE LA BASTIDE.
Pousse, te dis-je, et ne crains rien ! (*Aux commissionnaires.*) Allons ! vous autres, partez tous ensemble... C'est bien !.. Oh ! hisse !.. oh ! hisse !.. oh ! hiss !.. (*La porte s'ébranle sous les efforts des commissionnaires, et la caisse pénètre dans la chambre en faisant voler la porte en éclats.*) Nous y voilà !..

THÉRÈSE, *entrant.*
La porte est brisée !..
(*Elle pose son plateau sur un petit guéridon que Fanny a placé contre le canapé*)

MADAME DE LA BASTIDE.
Et moi aussi... mais c'est égal, la caisse, elle est entrée. (*Allant s'asseoir sur le canapé.*) Aye ! aye !..

(*Fanny s'assied à côté d'elle.*)

LE COMMISSIONNAIRE, *pendant que ses camarades posent la caisse dans un coin à droite* (2).
Toutes les affaires de Madame sont montées.

MADAME DE LA BASTIDE, *à part.*
Il est très bien, ce commissionnaire ! (*A Fanny.*) Donne-moi à boire, ma fille ! (*Elle boit.*) Le délicieux vin !.. Voilà Thérésou qui recommence à me gâter.

THÉRÈSE, *à part.*
Elle n'a pas changé !

LE COMMISSIONNAIRE.
Toutes les affaires de Madame sont montées.

MADAME DE LA BASTIDE.
J'ai peine à me mouvoir. (*Elle boit.*) Ce vin, il est parfait !..

LE COMMISSIONNAIRE.
Toutes les affaires de Madame sont montées.

MADAME DE LA BASTIDE.
C'est d'argent qu'il te faut... pas vrai, vilain

(1) F. Mad. de la Bast. T.
(2) Mad. de la Bast. F. Le Com. T.

merle !.. (*A part.*) Il est odieux, ce gavot ! (*Haut.*) Oblige-moi, ma fille, de payer ces vivants. Je n'ai point de la monnaie.

THÉRÈSE, *à part.*
Il faut encore payer son emménagement. (*Haut.*) Allons ! tenez, vous autres !..
(*Elle leur donne de l'argent.*)

LE COMMISSIONNAIRE, *à madame de la Bastide.*
Et le pourboire ?

MADAME DE LA BASTIDE.
Demande à Thérésou.

THÉRÈSE, *leur donnant.*
Et décampez ! (*Les commissionnaires sortent par le fond. — A part.*) Comme c'est agréable d'avancer de l'argent à des pratiques pareilles !..

MADAME DE LA BASTIDE. (1)
Maudite diligence !.. C'est tout au plus si on nous a permis de descendre... je n'ai vécu que de jambon... j'ai le feu dans le ventre... je boirais la mer et ses poissons... (*Elle boit. — C'est toujours Fanny qui lui verse à boire.*) Rien de bon comme ce madère ! (*A Fanny.*) Cher ange ! que je suis donc contente de te revoir !.. Embrasse-moi, ma fillette. (*Elle l'embrasse.*) Te voilà grande comme père et mère. Moi qui ne voulais pas croire que tu grandirais : c'étaient toujours querelles avec ta mère, la pauvre Finou !.. Je me tuais de lui dire : Ta petite est nouée... elle est archi-nouée... Elle ne voulait pas se le croire !..

FANNY.
Heureusement qu'il n'en est rien.

MADAME DE LA BASTIDE.
Il n'est pas question encore de t'établir, que tu saches ?

FANNY, *baissant les yeux.*
Non, Madame.

MADAME DE LA BASTIDE.
C'est que tu es si grande !.. (*Se levant, ainsi que Fanny*) (2). Au reste, pour ce qui en retourne, tu seras bien assez tôt en ménage... j'étais de ton temps quand on me maria... et Dieu sait... c'était ma pauvre mère qui le voulut... (*Riant.*) Hi ! hi ! hi ! j'étais si jeune... je me laissais faire. Ah ! cher ange... ce n'est qu'à l'usé qu'on connaît les hommes !

THÉRÈSE.
Madame... devant une jeune personne !..

MADAME DE LA BASTIDE.
Laisse donc ! à son âge, je n'avais plus rien à apprendre... (*Thérèse remonte.*) Cela ne m'a pas empêchée d'aller droit mon chemin .. (*Riant.*) Ah ! ah ! ah !.. et d'en voir de bien drôles !.. hi ! hi ! hi !

THÉRÈSE, *redescendant près de Fanny* (3).
Mais, c'est une indignité !

(1) Mad. de la Bast. F. T.
(2) F. Mad. de la Bast. T.
(3) F. T. Mad. de la Bast.

MADAME DE LA BASTIDE.
Tu es devenue bien prude!.. Tu ne te rappelles donc plus ton aventure dans la diligence de Montélimart?
THÉRÈSE.
Ça n'est pas vrai!
MADAME DE LA BASTIDE, *riant*.
Ah! ah! ah! la plaisante histoire!... j'en ai ri longtemps... hi! hi! hi!..... et le pauvre greffier de la justice de paix!.. hi! hi! hi! et la culbute qui s'en suivit!.. hi! hi! hi!
THÉRÈSE, *indignée, à Fanny*.
Venez, Mademoiselle... venez vous habiller.
(*Elle la fait passer au milieu*.)
MADAME DE LA BASTIDE, *à Fanny* (1).
Tu t'en vas, cher ange?
THÉRÈSE.
Nous sommes restées trop longtemps.
(*Madame de la Bastide passe à gauche.*)
ENSEMBLE (2).
Air : *Amis, le soleil va paraître*.
THÉRÈSE.
Oh! c'est affreux! quel horrible scandale!
Oser ainsi parler de Thérèson!
Peut-on si peu respecter la morale...
Ah! cette folle a perdu la raison!
MADAME DE LA BASTIDE.
J'ai fait rougir sa pudeur virginale!
Ce souvenir n'est pas trop de saison!
De mon récit elle craint le scandale,
Mais je saurai la mettre à la raison.
FANNY.
Ce récit-là blesse un peu la morale...
La pauvre dame a perdu la raison!
Quand sans façon chez nous elle s'installe,
Elle devrait ménager Thérèson!

(*Fanny sort avec Thérèse par la droite.*)

~~~~~~~~~~~~~~~~~~~~~~~~~~~~~~~~~~~~~~

SCÈNE XVI.

MADAME DE LA BASTIDE, *puis* LAVENAZE, *et ensuite* UN GARÇON DE BAINS.

MADAME DE LA BASTIDE, *seule, allant se rasseoir sur le canapé, en riant*.
Hi! hi! hi! je viens de lever là un lièvre qui ne lui a pas fait grand plaisir à la pauvre Thérèsou!
LAVENAZE, *entrant par le fond* (3).
Enfin, je leur échapperai... j'ai trouvé un appartement... et le diable m'emporte si je leur donne jamais mon adresse!.. (*Il va pour poser son chapeau sur son bureau, ne le trouve plus, se retourne et aperçoit madame de la Bastide*.)

(1) T. F. Mad. de la Bast.
(2) Mad. de la Bast. T. F.
(3) Mad. de la Bast. L.

Pardon, Madame... je me trompe... je croyais être chez moi...
MADAME DE LA BASTIDE, *riant*.
Hi! hi! hi! Il ne se reconnaît plus!.. la bonne méprise!.. ah! ah! ah!
LAVENAZE, *remontant et regardant autour de lui*.
Mais non, cependant!.. voilà bien mon bureau...
MADAME DE LA BASTIDE.
Ha! ha! ha!
LAVENAZE.
Mon canapé!.. on les a changés de place...
MADAME DE LA BASTIDE.
Hi! hi! hi!
LAVENAZE, *après avoir posé son chapeau sur le bureau*.
Pourriez-vous m'expliquer, Madame...
UN GARÇON DE BAINS, *entrant par le fond avec une baignoire sur la tête* (1).
Voilà votre bain qu'on monte : où faut-il le mettre?
LAVENAZE.
Une baignoire!
MADAME DE LA BASTIDE, *lui montrant la droite*.
Pose-la ici... (*A part, pendant que le garçon dépose sa baignoire* (2). Il est gentil ce garçon... il est très bien !.. (*Haut*.) Tu reviendras la remplir dans une heure.
LE GARÇON.
Ça suffit.
(*Il sort par le fond.*)
MADAME DE LA BASTIDE, *se levant et regardant Lavenaze, qui est resté stupéfait* (3).
Ah çà! tu as l'air de revenir du Congo?
LAVENAZE.
Eh! mais, c'est madame de la Bastide.
MADAME DE LA BASTIDE.
Tu me reconnais... c'est bien heureux... ne te formalise pas si j'arrive sans vous avoir prévenus... j'ai voulu vous surprendre. Je descends de la diligence, et je n'aurais pas voulu, tu sens, que tu te dérangeasses pour t'en venir à mon devant.
LAVENAZE.
Et qui est-ce qui a donc tout bouleversé ici?
MADAME DE LA BASTIDE.
C'est moi qui ai fait un peu ranger la chambre... avoue que c'est bien mieux comme ça... d'ailleurs, je m'installe dans cette pièce... (*Elle remonte.*) Il me faut de l'espace... j'ai besoin d'air...
(*Elle passe à droite.*)
LAVENAZE (4).
Vous vous installez dans cette pièce?.. Ah çà! et moi?..

(1) Mad. de la Bast. le garçon.
(2) Mad. de la Bast. L. le garçon.
(3) Mad. de la Bas. L.
(4) L. Mad. de la Bast.

MADAME DE LA BASTIDE.
Tu te metteras où tu voudras... c'est ton affaire.

LAVENAZE.
Non, Madame, non, et je vous déclare franchement...

MADAME DE LA BASTIDE.
Pas de défaite, mon bon ! cette chambre me convient parfaitement, et j'y reste... tiens-te-le toi pour dit.

LAVENAZE.
Mais encore une fois...

MADAME DE LA BASTIDE.
Tu ne m'as pas demandé des nouvelles de M. de la Bastide qui t'aime tant !.. tu peux te faire une idée de ce qu'est devenu le pauvre cher homme... une momie... une abnégation... une machine qui boit, roule, trotte, mange et s'endort... voilà ce qu'il est.

LAVENAZE.
Cela m'est parfaitement indifférent.

MADAME DE LA BASTIDE, *repassant à gauche et allant se rasseoir sur le canapé*(1).
Et à moi donc !.. car il me laisse, Dieu merci, bien tranquille !.. Il est bon de te dire que nous avons un procès, duquel dépend une grande partie de notre avoir, aussi, quand j'ai vu que nous avions affaire à forte partie, je n'en ai fait ni une ni deux... je me suis dit : « allons à Paris... prenons les devants... » Et me voilà, je compte... sur toi.

LAVENAZE.
Je ne puis vous être d'aucune utilité.

MADAME DE LA BASTIDE.
Ne fais pas le modeste... ton obligeance est connue... Tu ne devinerais jamais, mon bon, avec qui je me suis trouvée nez-à-nez, en descendant de diligence ? je te le donne en cent !.. avec Mermès !.. quel cuistre !.. quel goujat !.. quel cinique que cet homme !..

LAVENAZE, *débarrassant son fauteuil et tombant assis dessus.*
C'est à en mourir !

(*Il s'endort peu à peu.*)

MADAME DE LA BASTIDE.
Un spadassin !.. un coupe-jarret, qui a failli me compromettre, si je m'étais laissé faire... c'est pourtant sur les données de ce misérable que toute la ville nous a tourné le dos. Il n'y a pas jusqu'au petit Benjamin, le neveu de M. de la Bastide... tu l'as bien connu... qui se ligua avec nos plus grands ennemis... il n'y avait plus qu'une chose à faire... c'était de le camper à la porte... je te l'y campai !.. Lorsqu'un jour, note bien ceci, mon polisson se présente à la maison... j'étais seule... le voilà qui me fait des menaces,

(1) Mad. de la Bast. L.

qui me débite toute une série d'invectives, que le diable en aurait pris les armes... je fis comme si de rien n'était... puis, rapprochant tout doucement mon fauteuil de la croisée, je me mis à l'ouvrir et à crier : (*Criant très fort.*) A la garde ! au voleur ! on m'assassine.

(*Elle se lève.*)
LAVENAZE, *se réveillant en sursaut et se levant*(1).
Qu'est-ce que c'est ?

MADAME DE LA BASTIDE, *criant toujours.*
On m'assassine ! au voleur ! à la garde !

(*Elle passe à droite.*)
LAVENAZE, *dans la plus grande agitation.*
Qu'est-il donc arrivé ?

MADAME DE LA BASTIDE, *riant.*
Ah ! ah ! ah ! hi ! hi ! hi !

SCENE XVII.
MADAME DE LA BASTIDE, LAVENAZE, THÉRÈSE.

THÉRÈSE (2), *accourant par la droite tout effrayée.*
Oh ! mon Dieu ! qu'y a-t-il donc ?

MADAME DE LA BASTIDE.
Ah ! ah ! rassure-toi... ce n'est rien.

LAVENAZE.
Elle a perdu la tête !.. j'ai cru qu'on l'assassinait !

THÉRÈSE.
Elle m'a fait une peur !

LAVENAZE.
Je suis étonné de ne pas voir accourir tout le quartier !

MADAME DE LA BASTIDE.
Quelle folie !.. ne peut-on parler chez soi ?

LAVENAZE.
Parler ! oui !.. mais crier de la sorte !

MADAME DE LA BASTIDE.
Je ne sais ce que vous avez tous... Il n'y a pas jusqu'à Thérésou, qui se choque d'un rien !

THÉRÈSE
D'un rien !.. dire devant Mademoiselle des choses !..

LAVENAZE.
Quelles choses ?

THÉRÈSE.
Les plus inconvenantes !

LAVENASE.
Devant ma fille !..

MADAME DE LA BASTIDE.
Laisse-la dire ! Elle m'amuse !

THÉRÈSE.
Il est pourtant certain qu'une personne bien élevée...

(1) L. mad. de la B.
(2) Mad. de la B. T.

SCÈNE XVIII.

MADAME DE LA BASTIDE.
Si je l'ai été... c'est, je crois, 22,000 francs qu'a donnés dans le temps ma mère pour mon éducation !

THÉRÈSE.
C'est bien de l'argent jeté dans l'eau !

MADAME DE LA BASTIDE.
Insolente !.. (A Lavenaze.) J'espère que tu vas me faire le plaisir de me la camper en porte !

THÉRÈSE.
Par exemple !

LAVENAZE.
Et pourquoi, s'il vous plaît ?

MADAME DE LA BASTIDE.
Bien ! bien ! soutiens-la... nous savons à quoi nous en tenir sur son compte... et sur le tien... ah ! mon gaillard !..

THÉRÈSE.
Quelle infamie !

LAVENAZE.
C'en est trop !

MADAME DE LA BASTIDE.
Si personne n'a osé te le dire, je suis trop franche pour te le cacher... chacun s'en rit, chacun s'en moque !

LAVENAZE.
Je sors de mes gonds... nous sommes compatriotes, c'est vrai... mais je vous invite à chercher un autre gîte...

MADAME DE LA BASTIDE.
Comme tu voudras... j'ai ici assez d'amis, Dieu merci, qui se feront une fête de me recevoir !

LAVENAZE.
Profitez-en !..
(Thérèse passe à gauche, et va préparer les effets de madame de la Bastide pour son départ.)

MADAME DE LA BASTIDE (1).
Si j'avais quelques années de moins, tu ne dirais pas ça.

LAVENAZE.
Allons donc... vous me prêtez des intentions...

MADAME DE LA BASTIDE.
Suffit... ne réveillons pas le chat qui dort... (A Thérèse.) Donne-moi mon chapeau... (Thérèse le lui donne, elle le met.) Je ne serais pas fâchée, avant de dîner, de faire quelques visites... mes gants ?.. où les ai-je fourrés ?.. (Les trouvant dans sa poche.) Ah !. les voilà ! (Se versant un verre de madère qu'elle boit... A Lavenaze.) Tu as du madère excellent... j'oubliais de te le dire... fais-m'en servir tantôt à dîner, je t'en prie.

LAVENAZE, à part.
Pas moyen de s'en dépêtrer !..

(1) T. Mad. de la Bast.

MADAME DE LA BASTIDE.
Thérèsou, n'oublie pas mon bain... et que le peignoir il soit bien chaud !.. Tu m'asmanquée... mais je suis généreuse... je veux bien te pardonner. (Thérèse reporte le guéridon à sa place... A Lavenaze.) Tu ne prends pas ton chapeau ?

LAVENAZE.
Pourquoi faire ?

MADAME DE LA BASTIDE.
Cette question !.. Crois-tu bonnement que je vais sortir seule ?..

LAVENAZE.
C'est que...

MADAME DE LA BASTIDE.
Ce serait du propre et du ragoûtant !.. (Allant prendre sur le bureau de Lavenaze son chapeau qu'elle lui met sur la tête.) Allons, mon bon, ton bras, et dépêchons !..

LAVENAZE à part (1).
Je n'ai plus mon libre arbitre !.. je ne m'appartiens plus !

(Madame de la Bastide prend son bras.)

ENSEMBLE.
Air :

LAVENAZE ET THÉRÈSE.
Ah ! c'est fatigant !
C'est exhorbiant,
Ici l'on s'installe
Comme sur la halle !
Et dans la maison,
Tomber sans raison !
N'en vouloir sortir
C'est pour en mourir !

MADAME DE LA BASTIDE.
C'est divertissant !
C'est réjouissant,
Ici je m'installe
Et je m'en régale,
Dans cette maison,
J'y suis sans façon,
Si j'en dois sortir
J'aime mieux mourir.

(Madame de la Bastide entraîne Lavenaze et sort avec lui par le fond.)

SCÈNE XVIII.

THÉRÈSE, puis FANNY.

THÉRÈSE, seule.
Comme je te l'aurais laissée trotter toute seule! quel cerveau brûlé !.. Est-il Dieu possible qu'il y ait sur terre des femmes comme ça !

FANNY (2), entrant par la droite.
Elle est partie ?

(1) T. L. Madame de la Bast.
(2) T. F.

THÉRÈSE.
Oui... mais elle vient d'emmener votre père... et Dieu sait quand nous le verrons!

FANNY.
Nous ne serons donc jamais tranquilles?

THÉRÈSE.
Jamais!.. tant qu'il y aura des habitants dans le midi!

FANNY.
Allons-nous chez ma tante?

THÉRÈSE.
Oui, certes... et tout de suite, de peur de quelque nouvelle surprise!.. (*On entend un grand bruit en dehors.*) Mais quel est ce bruit?.. on se bat dans la rue... (*Elle court à la fenêtre, qu'elle ouvre.*) Ah! mon Dieu! c'est Monsieur!..

FANNY (1), *allant à la fenêtre.*
Mon père!

THÉRÈSE, *regardant.*
On les sépare! madame de la Bastide se réfugie dans une voiture...

FANNY.
Cours vite, Thérèse... Il faut savoir...

THÉRÈSE, *allant pour sortir par la porte du fond.*
Voilà Monsieur qui rentre... je suis sûre que c'est encore quelque algarade de cette vieille folle!

SCÈNE XIX.

LES MÊMES, LAVENAZE.

LAVENAZE *entrant par le fond et se jetant sur un siège près de la porte* (2).
Je n'en puis plus!

FANNY.
Que t'est-il donc arrivé?

LAVENAZE.
C'est inouï ce que cette femme m'a fait souffrir!.. (*Se levant.*) Nous n'avions pas fait vingt pas, qu'elle saisit au collet un passant, qui, dit-elle, l'a rudoyée... « Mais c'est vous, au contraire, Madame... C'est toi!.. C'est vous!.. Polisson!.. » Elle lève la main... je m'interpose... et paff... le soufflet qu'elle lui allongeait arrive en plein... sur ma joue... j'en ai vu trente-six chandelles... Exaspéré, je tombe sur le Monsieur, le Monsieur tombe sur moi... et, si on ne nous avait pas séparés, c'était un massacre!.. quelle journée! bon Dieu!.. la faim... la fatigue... un soufflet!.. Et n'avoir pu faire une seule de mes volontés!.. j'en ferai une maladie, c'est sûr...
(*Il va s'asseoir sur le canapé, Fanny se place derrière près de son père.*)

(1) F. T.
(2) L. T. F.

SCÈNE XX.

LES MÊMES, JULES, *paraissant au fond.*

JULES (1).
Peut-on entrer?

FANNY, *à part.*
Monsieur Jules!

LAVENAZE.
Qu'est-ce encore?

JULES, *entrant timidement.*
Monsieur, j'ai bien l'honneur...

LAVENAZE.
Laissez-moi tranquille!..

JULES.
Mon oncle, M. Brémond, a dû vous parler de moi...

LAVENAZE.
Ah! c'est vous qui êtes?..

FANNY, *vivement.*
Oui, papa, c'est lui!...
(*Elle baisse les yeux.*)

LAVENAZE, *regardant sa fille.*
Ah! c'est lui!.. (*Se levant, à Jules.*) En effet, j'ai reçu une lettre... M. Brémond m'a touché un mot de vos projets...

JULES.
Monsieur, j'ose espérer... vous connaissez ma famille!..

LAVENAZE.
Il ne s'agit pas de votre famille... de quel pays êtes-vous?

JULES.
De Gisors!

LAVENAZE.
En Normandie?

JULES.
Oui, Monsieur.

LAVENAZE.
Ainsi, vous n'êtes point du Midi?

JULES.
Non, Monsieur.

LAVENAZE.
Bien sûr?

JULES.
Je vous l'affirme.

LAVENAZE.
Tant mieux pour vous!.. car, si vous en eussiez été, vous n'auriez jamais eu ma fille... (*Il le fait passer près de Fanny* (2). Un compatriote... J'aimerais mieux la donner au diable!

SCÈNE XXI.

LES MÊMES, SIX COMPATRIOTES, *dont le fils* TARTOT, *puis* MERMÈS.

CHOEUR DES COMPATRIOTES, *qui entrent par le fond.*

Air: *Sonnez, cloches.* (Fil de la Vierge.)

Au rendez-vous, troupe fidèle,

(1) F. L. G. T.
(2) F. G. L. S.

SCÈNE XXI.

Nous accourons, et nous voilà !
Quand un bon dîner les appelle,
Les compatriotes sont là !

MERMÈS, *entrant par le fond, à Lavenaze* (1).
Je t'amène de la société.

LAVENAZE.
Encore toi !

MERMÈS.
J'ai pris, mon cher, la liberté d'inviter quelques amis !

THÉRÈSE, *à part*.
C'est un débordement de la Garonne !

LAVENAZE, *saluant*.
Messieurs, certainement...

MERMÈS, *présentant les compatriotes*.
Voici d'abord le petit Tartassou que j'ai l'honneur de te présenter... M. Bretèche... M. Cazan... M. Darthès... M. Dastoul et M. Mazas... tous gens de notre pays...

LAVENAZE.
Enchanté, Messieurs !.. (*A part*.) Que le diable les emporte !

MERMÈS.
Je les ai rencontrés comme ils descendaient de la diligence... j'ai eu toutes les peines du monde à les décider à venir... ma foi, leur ai-je dit, je ne vous lâche pas... on nous attend aujourd'hui à dîner, le petit Tartassou et moi... quand il y en a pour trois, il y en a pour neuf... ils se sont rendus à mon raisonnement... et les voilà !

THÉRÈSE, *bas à Lavenaze*.
Dites-leur que vous dînez en ville !

LAVENAZE, *bas*.
Il les ferait tous venir avec moi... passe encore pour aujourd'hui !.. mais demain je déménage... et je me barricade !

MERMÈS, *aux compatriotes*.
Voyons, Messieurs, faites donc comme chez vous... ne vous gênez pas !

LAVENAZE.
Ces messieurs voudront bien se contenter d'un mauvais dîner... Je ne les attendais pas !..

MERMÈS.
Ils savent bien ce que c'est qu'un impromptu... ne t'en inquiète pas... la ville est bonne... je me charge de tout !.. (*Au public*.) Et comme, plus on est de fous, plus on rit... s'il y avait dans la société quelques compatriotes, je les invite sans façon à venir se mettre à table avec nous !

CHŒUR.

Air des *Premières armes du diable*.

Venez chaque soir
Ici vous asseoir,
Quelque temps qu'il fasse !
Accourez en masse,
Et l'on fera place
Pour vous recevoir !

MERMÈS, *au public*.

Si contre moi l'on complote
A l'écart ;
Ayez pour un compatriote
Plus d'égard.
Chacun de nous a sa marotte
A porter :
N'allez pas en compatriote
Me traiter !

CHŒUR.

Venez chaque soir, etc.

(1) F. J. M. L. T.

FIN.

LAGNY. — IMPRIMERIE DE VIALAT ET Cie.

EN VENTE CHEZ LE MÊME ÉDITEUR :

Titre	Prix	Titre	Prix	Titre	Prix	Titre	Prix
L'Aïeule.	75	Deux Filles à Marier.	50	En Carnaval.	50	Le Voyage de Nannette.	50
Un Monstre de Femme.	40	Monseigneur.	60	Bal et Bastringue.	50	Titine à la Cour.	50
La Jeunesse de Charles Quint.	60	A la Belle Étoile.	40	Un Bouillon d'onze heures.	50	De baron de Castel-Sarrazin.	60
Le Vicomte de Létorières.	60	Un Ange tutélaire.	50	Cour de Bieberach.	50	Madame Marneffe.	60
Les Fées de Paris.	50	Un Jour de Liberté.	50	D'Aranda.	50	Un Gendre aux Épinards.	50
Pour mon Fils.	50	Wallace.	50	Partie à Trois.	50	Madame veuve Larifla.	50
Lucienne.	50	L'Écolier d'Oxford.	40	Une Femme qui se jette par la fenêtre.	50	La Reine d'Yvetot.	50
Les Jolies Filles de Stilberg.	60	L'Oiseau du Bocage.	40	Avocat Pédicure.	50	Les Manchettes d'un Vilain.	60
L'Enfant de Chœur.	50	Paris à tous les Diables.	60	Trois Paysans.	50	Le Duel aux Mauviettes.	50
Le Grand Paladin.	50	Une Averse.	50	Chasse aux Jobards.	50	Les Filles du Docteur.	60
La Tante mal Gardée.	40	Madame de Cérigny.	60	Mademoiselle Grabutot.	50	Un Turc pris dans une porte.	60
Les Circonstances atténuantes.	50	Le Fiacre et le Parapluie.	50	Père d'occasion.	50	Les Grenouilles.	50
La Chasse aux Vautours.	40	Morale en action.	50	Croquignole.	50	Ce qui manque aux Grisettes.	50
Les Batignollaises.	50	Liberté Libertas.	50	Henriette et Charlot.	50	La Poésie des Amours et...	50
Une Femme sous les Scellés.	50	L'Île du Prince Toutou.	40	Le chevalier de Saint-Remy.	50	Les Viveurs de la Maison-d'Or.	60
Les Aides de Camp.	50	Mimi Pinson.	50	Malheureux comme un Nègre.	50	Un Troupier dans les Confitures.	60
Le Mari à l'essai.	50	L'Article 170.	50	Un Vœu de jeune Fille.	50	Ma Tabatière, ou comment on arrive.	50
Chez un Garçon.	40	Les deux Viveurs.	50	Secours contre l'Incendie.	50		
Joket's-Club.	50	Les deux Pierrots.	50	Chapeau Gris.	50	Gracioso, ou le Père embarrassant.	50
Mérovée.	50	Seigneur des Broussailles.	50	Sans Dot.	50		
Les deux Couronnes.	50	Un Poisson d'Avril.	50	La Syrène du Luxembourg.	50	E. H.	50
Au Croissant d'Argent.	50	Deux Tambours.	50	Homme Sanguin.	50	Trompe-la-Balle.	50
Le Château de la Roche-Noire.	40	Constant la Girouette.	40	La Fille obéissante.	50	Un Vendredi.	50
Mon illustre Ami.	50	L'Amour dans tous les Quartiers.	60	O'nès.	50	Le Gibier du Roi.	50
Le premier Chapitre.	50	Madame Bugolin.	50	La Croisée de Berthe.	50	Breda-Streets ou un Ange déchu.	50
Talma en congé.	40	Petit Poucet.	50	La Filleule à Nicot.	50		
L'Omelette Fantastique.	50	Camoëns.	60	Les Charpentiers.	50	Adrienne Lecouvreur.	1 »
La Dragonne.	50	Escadron Volant.	50	Mademoiselle Fariboli.	50	Sans le Vouloir.	50
La Sœur de la Reine.	60	Le Lansquenet.	50	Un Cheveu Blond.	50	Les Femmes socialistes.	50
La Vendetta.	50	Une Voix.	50	La Recherche de l'Inconnu.	60	Le Mobilier de Bamboche.	40
Le Poète.	50	Agnès Bernau.	60	Les Impressions de Ménage.	50	Les Beautés de la Cour.	50
La Maîtresse anonyme.	50	Amours de M. Denis.	50	L'Homme aux 160 Millions.	50	La Famille.	50
Les Infortunes Conjugales.	50	Porthos.	50	Pierrot Posthume.	50	L'hurluberlu.	50
Le Loup dans la Bergerie.	50	La Pêche aux Beaux-Pères.	50	La Déesse.	50	Un Chaveu.	50
L'Hôtel de Rembouillet.	60	Révolte des Marmousets.	40	Une Existence décolorée.	50	L'Âne à Baptiste ou le Berceau du Socialisme.	60
Les deux Impératrices.	60	Le Troisième Mari.	50	Elle... ou la Mort!	50		
La Caisse d'Épargne.	60	Un Premier Souper.	50	Didier l'honnête Homme.	50	Les Prodigalités de Bernerette.	50
Thomas le Rageur.	50	L'Homme à la Mode.	60	L'Enfant de quelqu'un.	50	Les Bourgeois des Métiers.	60
Derrière l'Alcôve.	40	Une Confidence.	60	Les Chroniques bretonnes.	50	La Graine de Mousquetaires.	60
La Villa Duflot	50	Le Ménétrier.	60	Haydée du Secret.	1 »	Les Faubourgs de Paris.	60
Péroline.	50	L'Almanach des 25,000 Adresses.	60	L'Art de ne pas donner d'Étrennes.	50	La Montagne qui accouche.	50
La Femme à la Mode.	50					Le Juif-Errant.	60
Les égarements d'une Canne et d'un Parapluie.	60	Une Histoire de Voleurs.	50	Le Puff.	1 »	Adrienne de Carotteville.	50
Les deux Ânes.	50	Les Murs ont des Oreilles.	60	La Tireuse de Cartes.	50	Un Socialiste en Province.	50
Foliquet, coiffeur de Dames.	40	L'Enseignement Mutuel.	50	La Nuit de Noël.	50	Le Marin de la Garde.	50
L'Anneau d'Argent.	40	La Charbonnière.	50	Christophe le Cordier.	50	Une Femme qui a une Jambe de bois.	50
Recette contre l'Embonpoint.	50	Le Code des Femmes.	50	La Rose de Provins.	50		
Don Pascale.	40	On demande des Professeurs.	50	Les Barricades de 1848.	40	Mauricette.	50
Mademoiselle Déjazet au Sérail.	40	Le Pot aux Roses.	50	34 Francs! ou sinon...	50	Une Semaine à Londres.	60
Touboulic le Cruel.	50	La Grande et les Petites Bourses.	50	La Fille du Matelot.	40	Le Cauchemar de son propriétaire.	50
Hermance.	50	L'Enfant de la Maison.	50	Les deux Pommées.	50	Le Marquis de Carabas.	60
Les Cagnots.	50	Riche d'Amour.	50	La Femme blasée.	50	La Ligue des Amants.	60
Entre Ciel et Terre.	40	La Comtesse de Moranges.	60	Les Filles de la Liberté.	50	Les Sept Billets.	60
La Fille de Figaro.	50	L'Amazone.	60	Hercule Belhomme.	60	Phœbus et Borée.	60
Métier et Quenouille.	50	La Gloire et le Pot-au-Feu.	50	Don Quichotte.	50	Passe-temps de Duchesse.	60
Angélique et Médor.	50	Les Pommes de terre malades.	60	Ah! Enfin!	50	Les Cascades de Saint-Cloud.	50
Loïsa.	50	Le Marchand de Marrons.	50	La Marquise d'Aubray.	60	Lorettes et Aristos.	50
Jocrisse en Famille.	40	V'là ce qui vient d'paraître.	50	Le Gentilhomme campagnard.	50	Œil et Nez.	60
L'autre Part du Diable.	50	La Loi salique.	50	Les Peureux.	40		
La Chasse aux Belles Filles.	60	Nuage au Ciel.	50	Le Chevalier de Beauvoisin.	50		
La Salle d'Armes.	40	L'Eau et le Feu.	50	Le Gentilhomme de 1847.	60		
Une Femme compromise.	50	Beaugaillard.	50	La Rue Quincampoix.	50		
Patineau.	50	Mardi Gras.	40	L'Ange de ma Tante.	50		
Madame Roland.	50	Le Retour du Conscrit.	50	La République de Platon.	50		
L'Esclave du Campès.	50	Le Mari perdu.	60	Le Club Champenois.	50		
Les Réparations.	50	Dieux de l'Olympe.	50	Le Club des Maris.	50		
Mariage du Gamin de Paris.	50	Le Carillon de Saint-Mandé.	50	Oscar XXVIII.	60		
Veille du Mariage.	40	Geneviève.	50	Une Chaîne Anglaise.	60		
Paris bloqué.	50	Mademoiselle ma Femme.	50	Un Petit de la Mobile.	50		
Un Ménage Parisien.	50	Mal du Pays.	50	Histoire de rire.	50		
La Bonbonnière.	50	Mort civilement.	50	Les 20 sous de Périnette.	50		
Adrien.	50	Veuve de quinze ans.	50	Le Serpent de la Paroisse.	50		
Pierre le Millionnaire.	60	Garde-Malade.	50	Agénor le Dangereux.	60		
Carlo et Garlin.	50	Fruit défendu.	50	L'Avenir dans le Passé.	50		
Le Moyen le plus sûr.	50	Un Cœur de Grand'Mère.	50	Roger Bontemps.	50		
Le Papillon Jaune et Bleu.	50	Nouvelle Clarisse.	60	L'Été de la Saint-Martin.	50		
Polka en Province.	50	Place, Ventadour.	50	Jeanne la Folle.	50		
Une Séparation.	40	Nicolas Poulet.	50	Les suites d'un Feu d'Artifice.	50		
Le roi Dagobert.	50	Roch et Luc.	50	O Amitié!... ou les trois Époques.	60		
Frère Galfâtre.	60	La Protégée sans le savoir.	50				
Nicaise à Paris.	50	Une Fille Terrible.	50	La Propriété, c'est le Vol.	60		
Le Troubadour-Omnibus.	50	La Planète à Paris.	50	La Poule aux Œufs d'Or.	60		
Un Mystère.	60	L'Homme qui se cherche.	50	Élevés ensemble.	60		
Le Billet de fairepart.	60	Maître Jean, ou la Comédie à la Cour.	50	L'Hôtellerie de Genève.	60		
Pulcinella.	60			A bas la Famille ou les Banquets.	50		
Fiorina.	60	Ne touchez pas à la Reine.	1 »	Daniel.	50		
La Sainte-Cécile.	60	Une année à Paris.	60	Jacques Maugars ou les Contrebandiers du Jura.	50		
Follette.	50	Amour et Biberon.	50				

LAGNY. — Imprimerie de VIALAT et Cie.

www.ingramcontent.com/pod-product-compliance
Lightning Source LLC
Chambersburg PA
CBHW060538050426
42451CB00011B/1781